CW00518191

LA GUID..
COMPLETA
ALL'INFUSIONE DI
CIBO E BIRRA

50 INDULGENTI
& ROBUSTO
RICETTE

ANNA VALENTINA

Tutti i diritti riservati.

Dichiarazione di non responsabilità

Le informazioni contenute sono destinate a servire come una raccolta completa di strategie su cui l'autore di questo eBook ha svolto ricerche. Riepiloghi, strategie, suggerimenti e trucchi sono solo raccomandazioni dell'autore e la lettura di questo eBook non garantisce che i propri risultati rispecchino esattamente i risultati dell'autore. L'autore dell'eBook ha compiuto ogni ragionevole sforzo per fornire informazioni aggiornate e accurate ai lettori dell'eBook. L'autore ed i suoi associati non saranno ritenuti responsabili per eventuali errori od omissioni non intenzionali che dovessero essere riscontrati. Il materiale nell'eBook può includere informazioni di terze parti. I materiali di terze parti comprendono le opinioni espresse dai rispettivi proprietari. Pertanto, l'autore dell'eBook non si assume alcuna responsabilità per materiale o opinioni di terzi.

L'eBook è copyright © 2021 con tutti i diritti riservati. È illegale ridistribuire, copiare o creare lavori derivati da questo eBook in tutto o in parte. Nessuna parte di questo rapporto può essere riprodotta o ritrasmessa in qualsiasi riprodotta o ritrasmessa in qualsiasi forma senza il permesso scritto espresso e firmato dall'autore.

TABLE OF CONTENTS

INTRODUZIONE

Le birre con il loro gusto dolce, tostato, maltato o nocciolato possono aggiungere profondità ai piatti, dalla colazione agli snack, ai dessert e ai piatti principali. . E non preoccuparti di ubriacarti: praticamente tutto l'alcol evapora durante il processo di cottura. Questi piatti faranno sì che i tuoi ospiti si chiedano quale sia l'ingrediente segreto (e torneranno per saperne di più!).

Birre diverse si abbinano bene a cibi diversi, quindi è importante imparare le differenze di gusto prima di entrare in cucina. La birra può essere suddivisa in due gruppi principali: ale e lager. Ale, la birra originale, viene prodotta in un modo che si traduce in sapori fruttati e terrosi. Le lager utilizzano sistemi di produzione della birra più moderni per essere più leggere e più asciutte. Ogni tipo di birra ha un sapore decisamente diverso che si abbina bene a determinati cibi. Di seguito troverai una ripartizione di diversi tipi comuni e alcune ricette che utilizzano ciascuno di essi.

Birre Di Grano

Le birre di frumento sono chiare, spesso non filtrate (quindi torbide) e hanno sapori fruttati, morbidi, dai bordi croccanti, ben abbinati a insalate e pesce.

Pale Ale e Bitter

La sua croccantezza taglia magnificamente carni ricche e grasse come la selvaggina. La Pale Ale è più forte, con una carbonatazione più corroborante, e si sposa bene con tutto, dal pane e formaggio al fish and chips.

facchino

È meno tostato della stout e meno amaro della pale ale, e raccoglie particolarmente bene i sapori negli stufati.

corpulento

Stout esalta i sapori di tutto, dai crostacei agli stufati. Per le sue spiccate note di caffè e cioccolato, è perfetto anche per essere miscelato in ricchi dessert.

BIRRE FATTE IN CASA

1. Birra alla banana

Resa: 35 bicchieri

Ingrediente

- 5 banane mature; purè

- 5 arance; succo di

- 5 Limoni; succo di

- 5 tazze di acqua zuccherata

Mescolare e congelare. Riempi un bicchiere grande⅓ pieno (o più) con la miscela congelata e aggiungere 7-Up, Sprite, Ginger ale, ecc.

2. Birra di frumento Alcatraz

Resa: 1 Porzione

Ingrediente

- 3 libbre Estratto di grano essiccato

- 2 libbre di malto di frumento

- 1 libbra di malto d'orzo

- 1 libbra Estratto di malto essiccato

- $2\frac{1}{2}$ oncia mt. Luppolo del cappuccio

- Lievito di birra Wyeast Wheat

Prepara un lievito madre due giorni prima. Schiaccia i tre chili di malto alla Miller. Far bollire per un'ora, aggiungendo 1-½ oncia di luppolo all'inizio, ½ oncia a 30 minuti e ½ oncia a 5 minuti. Raffreddare e peccare il lievito.

Fermento. Bottiglia. Ho innescato metà del lotto (5 gal) con⅓tazza di zucchero di mais e l'altra metà con ½ tazza di miele di trifoglio. Dopo due settimane, la birra era ottima. La birra innescata con miele, tuttavia, era troppo gassata.

3. A & w birra alla radice

Resa: 1 Porzione

Ingrediente

- tazza di zucchero

- $\frac{3}{4}$ tazza di acqua calda

- 1 litro di acqua fredda di seltz

- $\frac{1}{2}$ cucchiaino di concentrato di Root Beer

- $\frac{1}{8}$ cucchiaino di concentrato di Root Beer

Sciogliere lo zucchero nell'acqua calda. Aggiungere il concentrato di root beer e lasciare raffreddare.

Unire la miscela di birra alla radice con l'acqua fredda di seltz, bere immediatamente o conservare in frigorifero in un contenitore ben coperto.

4. Birra all'aglio

Resa: 1 Porzione

Ingrediente

- ½ libbre di estratto di malto Pale

- 4 grandi bulbi di aglio sbucciati e puliti

- 1 oncia di luppolo Northern Brewer

- birra londinese

Separare e sbucciare gli spicchi di quattro spicchi d'aglio interi e incidere leggermente la superficie degli spicchi d'aglio per aumentare la superficie durante l'ebollizione.

Aggiungere l'estratto, metà dell'aglio e $\frac{1}{2}$ oncia di luppolo. Bollitura totale di 60 minuti

Dopo l'ebollizione, raffreddare il mosto e filtrare il mosto raffreddato in un primario da 6-$\frac{1}{2}$ galloni. Dopo tre giorni di fermento vigoroso in 6$\frac{1}{2}$ galloni

5. Birra comune californiana

Resa: 1 Porzione

Ingrediente

- $3\frac{1}{8}$ libbre Superbrau Plain Light

- 3 sterline Briess Gold DME

- $\frac{1}{2}$ libbre di malto Crystal -- schiacciato

- $\frac{1}{4}$ libbre di malto d'orzo

- $1\frac{1}{2}$ oncia di luppolo da birra nordico

- $\frac{1}{2}$ oncia   Luppolo a cascata -- ultimi 5 min

- 1 confezione Wyeast 2112 o 1 Amsterdam Lager

- 4 once Zucchero per priming

Mettere il malto d'orzo su una teglia da forno a 350 gradi per 10 min. Sfornare e schiacciare leggermente con il mattarello. Metti i grani frantumati in un sacchetto di mussola, mettili in 1 litro di acqua fredda e porta a ebollizione. Rimuovere i grani. Togli la pentola dal fuoco, aggiungi lo sciroppo e il DME e mescola fino a quando non si scioglie.

Rimettere sul fuoco e aggiungere $1\frac{1}{2}$ oncia di luppolo di birra nordica e far bollire per 30-45 minuti. Aggiungere $\frac{1}{2}$ oncia di luppolo a cascata per gli ultimi 5 minuti di ebollizione. Aggiungere a 4 litri di acqua fredda.

6. Birra alla radice di sei ore

Resa: 1 Porzione

Ingrediente

- 2 tazze di zucchero

- 1 cucchiaino di lievito

- 2 cucchiai di estratto di Root Beer

Mettere gli ingredienti in una caraffa da un gallone con circa un litro di acqua molto calda. Mescolare fino a quando gli ingredienti sono ben amalgamati.

Finisci di riempire la brocca con acqua tiepida. Lasciar riposare sei ore (basta appoggiare il coperchio sopra, non avvitare). Trascorse le sei ore, avvitare il coperchio e conservare in frigorifero.

7. Birra Maerzen

Resa: 54 Porzioni

Ingrediente

- 4 libbre di malto Pale

- 3 libbre Estratto secco leggero

- ½ libbre di malto Crystal (40L)

- 2 once di cioccolato malto

- ½ libbre di malto tostato

- ½ libbre di malto di Monaco

- 2 once di malto di destrina

- 2½ once di luppolo Tettnanger (4,2 alfa)

- ½ oncia   Luppolo a cascata (5,0 alfa)

- 3 cucchiaini   Gesso

- Lievito Vierka dry lager

Preparare il lievito di birra 2 giorni prima

Aggiungere 8 pinte di acqua bollente e scaldare a 154 gradi. Impostare per almeno 30 minuti. Portare a 170 gradi per 5 minuti per schiacciare. Spargere con 2 galloni d'acqua. Aggiungere l'estratto secco, portare ad ebollizione. Far bollire 15 minuti e aggiungere un'oncia di Tettnanger. Far bollire un'ora. Aggiungere 1 oncia di Tettnanger a 30 minuti. Aggiungere ½ oncia di Tettnanger e ½ oncia di Cascade a 5 minuti. Filtrare e raffreddare.

8. Birra casereccia

Resa: 1 Porzione

Ingrediente

- 1   Becca buona crusca di frumento

- 3   Manciata di luppolo

- 2 quarti di melassa

- 2 cucchiai di lievito

- 10 galloni di acqua

Metti la crusca e il luppolo nell'acqua e fai bollire
finché la crusca e il luppolo non affondano sul

fondo. Filtrare attraverso un panno sottile in un dispositivo di raffreddamento.

Quando è tiepido, aggiungi la melassa. Non appena la melassa si sarà sciolta, versare il tutto in una botte da 10 galloni e aggiungere il lievito.

A fermentazione ultimata tappate la botte e sarà pronta in 4-5 giorni.

9. Birra ai mirtilli rossi

Resa: 1 Porzione

Ingrediente

- 6 libbre di estratto di malto secco extra leggero

- 1 libbra di malto di Monaco

- 1 oncia Fuggles bollente

- 3 Sacchetti di mirtilli congelati

- 1 oncia Fuggles come luppolo finale

- Lievito

Scongelare le bacche e frullare con acqua a sufficienza per fare poco più di 2 litri di granite.

Nel frattempo, fai un normale infuso di estratto usando il malto di Monaco come cereale speciale.

Alla fine dell'ora di ebollizione, aggiungere il luppolo finale e versare il liquido di mirtilli rossi per l'ultimo minuto o due mentre si spegne il fuoco.

Imbottigliare dopo una settimana

10. Cordiale alla birra allo zenzero

Resa: 1 Porzione

Ingrediente

- 2 once di radice di zenzero, sbucciata e tritata

- 1 libbra di zucchero semolato

- $\frac{1}{2}$ oncia di acido tartarico

- Succo di 1 limone

- 1 limone, affettato

Mettere lo zenzero, lo zucchero, l'acido tartarico e il limone in una ciotola e coprire con 1 litro di acqua

bollente. Mescolare fino a quando lo zucchero si è
sciolto.

Lasciare agire per circa tre o quattro giorni, quindi
filtrare e versare il liquido in bottiglie sterilizzate.
Sarà pronto e davvero delizioso da bere già dopo
pochi giorni e può essere tranquillamente diluito
con acqua naturale o gassata.

11. Raffreddatore di birra al pomodoro

Resa: 6 Porzioni

Ingrediente

- 1½ tazze di succo di pomodoro, freddo

- 2 lattine (12 oz ciascuna) di birra

Contorno:

- cipolle verdi

- salsa di peperoni rossi

- sale e pepe

Mescolare 1½ tazze di succo di pomodoro, refrigerato e 2 lattine (12 once ciascuna) di birra, refrigerate. Versare in bicchieri freddi. Servire immediatamente con cipolle verdi per mescolatori e, se lo si desidera, con salsa di peperoni rossi, sale e pepe.

COCKTAIL ALLA BIRRA

12. Margarita alla birra

Resa: 1 Porzione

Ingrediente

- 6 once Può congelato Limeade concentrato

- 6 once di tequila

- 6 once di birra

Unire gli ingredienti nel frullatore, aggiungere un paio di cubetti di ghiaccio e frullare brevemente. Lasciar solidificare per qualche minuto.

Versare il contenuto sul ghiaccio in un bicchiere bordato di sale.

13. Chelada classica

ingredienti

- 12 once di birra chiara messicana

- 1 oncia (2 cucchiai) di succo di lime

- 1 pizzico di sale

- Ghiaccio, per servire (prova con ghiaccio chiaro)

- Per il bordo: 1 cucchiaio di sale marino fino e Old Bay

Istruzioni

Su un piatto, mescolare l'Old Bay e il sale e stenderlo in uno strato uniforme. Taglia una tacca in uno spicchio di lime, quindi fai scorrere il lime attorno al bordo di un bicchiere. Immergere il bordo del bordo in un piatto di sale.

Aggiungere il succo di lime e un pizzico di sale nel bicchiere di birra. Riempire il bicchiere di ghiaccio e versare la birra. Mescolare delicatamente e servire.

14. Michelada

ingredienti

- 12 once di birra chiara messicana

- 1 ½ once (3 cucchiai) di succo di lime

- ½ oncia (1 cucchiaio) di succo di salsa

- 1 cucchiaino di salsa Worcestershire

- 1 cucchiaino di salsa piccante (come Cholula)

- Ghiaccio, per servire

Istruzioni

In un piatto, mescolare l'Old Bay, il peperoncino in polvere e il sale di sedano e stenderlo in uno strato uniforme. Taglia una tacca in uno spicchio di lime, quindi fai scorrere il lime attorno al bordo di un bicchiere. Immergere il bordo del bordo in un piatto di condimenti.

Nel bicchiere, mescola insieme il succo di lime, il succo di salsa (usa un colino a maglie fini per filtrare il succo di salsa da alcuni cucchiai di salsa), la salsa Worcestershire e la salsa piccante.

Riempi il bicchiere di ghiaccio. Completare con la birra e mescolare delicatamente.

15. Bevanda di velluto nero

ingredienti

- 3 once di spumante, come champagne o prosecco

- 3 once di birra robusta, come la Guinness

Istruzioni

Versare lo spumante in un flute o highball.

Versare la stout. Se lo si desidera, mescolare con un cucchiaio da bar o lasciare riposare per un minuto circa per consentire ai sapori di sposarsi

Servire subito.

16. Shandy classico

ingredienti

- 6 once di birra chiara o birra chiara

- 6 once di ginger ale, birra allo zenzero, soda al limone e lime (Sprite) o limonata frizzante

- Per la guarnizione: spicchio di limone (facoltativo)

- Opzionale: 1 pizzico di bitter aggiunge un sapore complesso

Istruzioni

Aggiungere la birra e il mixer a un bicchiere e mescolare delicatamente per unire. Guarnire con uno spicchio di limone.

17. Shandy al pompelmo

ingredienti

- 1 oncia di sciroppo semplice

- 3 once di succo di pompelmo

- 2 once di acqua gassata

- 6 once di birra di frumento artigianale (o birra chiara)

- Per la guarnizione: spicchio di pompelmo (facoltativo)

Istruzioni

In un bicchiere da birra, mescolare lo sciroppo semplice e il succo di pompelmo.

Aggiungere la soda e la birra e mescolare delicatamente per unire. Guarnire con una fetta di pompelmo e servire.

18. Spritz alle fragole e cetrioli

Ingredienti:

- 6 oz Stella Artois Spritzer
- 1 oncia di gin
- 0,5 once di liquore ai fiori di sambuco
- 2 fette di cetriolo
- 2 fragole

Indicazioni:

In uno shaker, pestare accuratamente le fette di cetriolo e le fragole. Aggiungere il gin, il liquore ai fiori di sambuco e shakerare con del ghiaccio.

Filtrare in un bicchiere. Aggiungi Stella Artois Spritzer.

Guarnire con nastro di cetriolo infilzato e fetta di fragola.

19. Beergarita

Ingredienti:

- 1 oncia. Tequila

- 1 oncia. Crema di pompelmo Tattersall

- 0,5 once. Succo di lime

- 6 once. birra chiara

Indicazioni:

Unire tutti gli ingredienti in un bicchiere con ghiaccio. Guarnire con uno spicchio di lime.

Bordo salino opzionale

20. Bacardi Lime Shot con Birra

Ingredienti:

- 12 parti di birra

- 1 parte di lime Bacardi

Indicazioni:

Versare la birra in un bicchiere. Versare il rum BACARDÍ al lime in un bicchierino da shot e poi versare nella birra.

21. Fedelito

Ingredienti:

- 12 once. Modello Negra
- 1 ½ oncia. Casa Noble Reposado Tequila
- ½ oncia. PIMM'S THE ORIGINAL No. 1 Cup
- 1 oncia. succo di lime
- 1 oncia. Sciroppo di vaniglia
- 2 gocce di bitter
- Foglie di menta

Indicazioni:

Mescolare tutti gli ingredienti in uno shaker con ghiaccio, escluso il Modelo Negra e le foglie di menta.

Agitare e versare sul ghiaccio. Top con Modelo Negra.

Servire la birra rimanente con il cocktail. Guarnire con foglioline di menta.

22. Beermosa

Ingredienti:

- 6 once di birra di frumento
- 2 once di Cava
- 2 once di succo di pompelmo fresco da spremere

Indicazioni:

Mescolare la birra e il cava, inserire il succo di pompelmo e mescolare.

23. Caldaia Sunshine

Ingredienti:

- 1 lattina di birra chiara
- 1,5 once. di bourbon
- Spumante Ghiaccio Limone Lime
- Limone (guarnire)

Indicazioni:

In un bicchiere da pinta, versare la birra inclinata per eliminare la schiuma. Aggiungi 1,5 once. di borbone. Completare con ghiaccio frizzante al limone e lime. Guarnire con una fetta di limone.

24. Cinco

Ingredienti:

- 12 once. Modello Negra
- 1 oncia. tequila reposado infusa con jalapeno
- 1 oncia. liquore cileno
- 1 oncia. succo di lime fresco
- ½ oncia. Agave
- Sale piccante al peperoncino
- Ruota al lime

Indicazioni:

Borda un bicchiere highball con sale piccante al peperoncino. Aggiungere la tequila, il liquore del Cile, il lime fresco e l'agave in uno shaker.

Agitare e filtrare su ghiaccio fresco. Completa con la birra. Servire il restante Modelo Negra con il cocktail.

Guarnire con bordo di sale al peperoncino piccante e fetta di lime.

DOLCI

25. Fudge birra e crauti

Resa: 10 Porzioni

Ingrediente

- ⅔ tazza di burro

- 1½ tazza di zucchero

- 3 uova

- 1 cucchiaino Vaniglia

- ½ tazza di cacao

- $2\frac{1}{4}$ tazza di farina setacciata

- 1 cucchiaino di lievito in polvere

- 1 cucchiaino di soda

- 1 tazza di birra

- $\frac{2}{3}$ tazza di crauti

- 1 tazza di uvetta

- 1 tazza di noci tritate

Frulla tutto.

Trasformare in due tortiere da 8 o 9 pollici imburrate e infarinate. Infornare a 350 per 35 minuti. Raffreddare e glassare a piacere.

26. Biscotti alla birra

Resa: 4 Porzioni

Ingrediente

- 2 tazze di farina non sbiancata

- 3 cucchiaini di lievito in polvere

- 1 cucchiaino di sale

- tazza di accorciamento

- tazza di birra

Preriscaldare il forno a 450 gradi F. Setacciare insieme gli ingredienti secchi. Tagliare in accorciamento fino a quando non ha la consistenza della farina di mais.

Incorporare la birra, impastare leggermente e stendere a uno spessore di mezzo pollice. Cuocere 10 - 12 minuti o fino a doratura.

27. Torta speziata alla birra

Resa: 12 Porzioni

Ingrediente

- 3 tazze di farina

- 2 cucchiaini di bicarbonato di sodio

- $\frac{1}{2}$ cucchiaino di sale

- 1 cucchiaino di cannella

- $\frac{1}{2}$ cucchiaino di pimento

- $\frac{1}{2}$ cucchiaino di chiodi di garofano

- 2 tazze di zucchero di canna, confezionato

- 2 uova, sbattute

- 1 tazza di accorciamento

- 1 tazza di uvetta o datteri tritati

- 1 tazza di noci pecan/noci tritate

- 2 tazze di birra

Setacciare insieme gli ingredienti secchi. Crema insieme grasso e zucchero; aggiungere le uova.

Mescolare frutta e noci con 2 cucchiai della miscela di farina. Aggiungere la farina alternata alla birra. Mescolare frutta e noci.

Versare in una teglia da 10 pollici unta e infarinata e cuocere a 350F per 1 ora, o fino a quando non sono stati eseguiti i test della torta.

28. Zuppa di birra e formaggio con popcorn

Resa: 7 Porzioni

Ingrediente

- tazza di margarina

- 1 tazza di cipolla; tritato

- ½ tazza di sedano; tritato

- ½ tazza di carota; tritato

- ¼ tazza di prezzemolo fresco; tritato

- 2 spicchi d'aglio; tritato

- tazza di farina

- 3 cucchiaini di senape secca

- Pepe a piacere

- 2 tazze metà e metà

- 1 tazza di brodo di pollo

- $2\frac{1}{2}$ tazza di formaggio americano

- 12 once di birra

- 2 tazze di popcorn; spuntato

Sciogliere la margarina in una casseruola grande o in un forno olandese a fuoco medio. Aggiungere tutto

Cuocere scoperto a fuoco medio 10-15 minuti o fino a quando la zuppa si è addensata e ben riscaldata

29. Mele ripiene al forno alla birra

Resa: 6 Porzioni

Ingrediente

- 6 medie Mele da cucina

- ½ tazza di uvetta

- ½ tazza di zucchero di canna confezionato

- 1 cucchiaino di cannella

- 1 tazza di birra Great Western

torsolo di mele

Rimuovere la striscia di buccia da 1 pollice intorno alla parte superiore.

Mescolare l'uvetta, lo zucchero di canna e la cannella. Riempi i centri di mela

Metti le mele in una teglia. Versaci sopra la Great Western Beer.

Cuocere in forno a 350 gradi F per 40-45 minuti, o finché sono teneri, ungendo di tanto in tanto.

30. Cheddar e cheesecake alla birra

Resa: 16 Porzioni

Ingrediente

- 1¼ tazza di briciole di biscotti allo zenzero

- 1 tazza più 2 cucchiai di zucchero, divisi

- 1 cucchiaino di zenzero in polvere

- ¼ tazza di burro non salato o margarina,

- 24 once Crema di formaggio

- 1 tazza di formaggio cheddar affilato grattugiato

- 5 grandi Uova, a temperatura ambiente

- $\frac{1}{4}$ tazza di birra analcolica

- $\frac{1}{4}$ tazza di panna pesante

Unire i biscotti sbriciolati, 2 cucchiai di zucchero, lo zenzero e il burro. Premere con decisione sul fondo della padella preparata. Fate raffreddare mentre preparate il ripieno.

Sbattere entrambi i formaggi fino a che liscio. Aggiungere lo zucchero, le uova, una alla volta, sbattendo fino a quando ciascuna di esse non si sarà amalgamata. A bassa velocità, incorporare la birra e la panna. Versare nella padella preparata.

Cuocere per 1 ora e mezza o fino a quando il centro è rappreso e la parte superiore è leggermente dorata, ma non marrone.

31. Birra alla frutta britannica

Resa: 1 Porzione

Ingrediente

- 3⅓ libbre di malto normale ambrato

- 2 libbre di birra ambrata M&F

- 1 libbra di malto Crustal, frantumato

- 2 once di luppolo da birra nordico

- 1 oncia   Fuggles luppoli

- 4 libbre Mirtilli, lamponi o

- 1 confezione di lievito EDME ale

- 4 once   Zucchero di adescamento

Metti i grani schiacciati in un sacchetto di mussola e mettili in 1 litro di acqua fredda. Portare a ebollizione, rimuovere i grani.

Togliere la pentola dal fuoco e aggiungere lo sciroppo e il DME. Mescolare fino a quando non si è sciolto. Rimetti la pentola sul fuoco e aggiungi 60 g di luppolo di birra nordica. Far bollire per 30-45 minuti. Aggiungere il luppolo figgles per gli ultimi 5 minuti di ebollizione. Aggiungi la frutta al mosto quando la bollitura è terminata.

Lasciare in infusione per mezz'ora e aggiungere 4 litri di acqua fredda.

32. Pane alla birra di base

Resa: 1 Porzione

Ingrediente

- 3 tazze di farina

- $3\frac{3}{4}$ cucchiaino di lievito in polvere

- $2\frac{1}{4}$ cucchiaino di sale

- 1 lattina di birra

- 1 cucchiaio di miele

Ungere la teglia. Unire la farina, il lievito, il sale, la birra e il miele in una ciotola capiente, mescolare fino a che non siano ben amalgamati.

Cuocere in forno preriscaldato 350 F per 45 minuti. Accendere la griglia e raffreddare.

33. Muffin alla birra al formaggio

Resa: 6 Porzioni

Ingrediente

- 1 tazza di farina per tutti gli usi

- $\frac{3}{4}$ tazza di formaggio cheddar magro

- 4 cucchiaini di zucchero

- $1\frac{1}{4}$ cucchiaino di lievito in polvere

- $\frac{1}{4}$ cucchiaino di bicarbonato di sodio

- cucchiaino di sale

- ⅔ tazza di birra

- 1 uovo, sbattuto

Scaldare il forno a 375F

Spruzzare 6 pirottini per muffin con uno spray da cucina antiaderente.

Versare leggermente la farina in un misurino; livellare. In una ciotola unire la farina, il formaggio, lo zucchero, il lievito, il bicarbonato e il sale; mescolare bene. Aggiungere la birra e l'uovo; mescolare solo fino a quando gli ingredienti secchi sono inumiditi. Dividere l'impasto in modo uniforme negli stampini da muffin spruzzati, riempiendo ciascuno di circa $\frac{3}{4}$.

Infornare a 375 ° C per 17 - 22 minuti o fino a quando non saranno dorati e lo stuzzicadenti inserito al centro esce pulito. Servire tiepido o a temperatura ambiente.

34. Pane alla birra all'aneto

Resa: 12 Porzioni

Ingrediente

- 3 tazze di farina

- 1 cucchiaio di zucchero

- 1½ cucchiaio di lievito in polvere

- cucchiaino di sale

- 12 once di birra

- 3 cucchiai di aneto fresco

Preriscaldare il forno a 375 gradi. Imburrare una teglia o spruzzare con olio vegetale spray. Setacciare la farina, lo zucchero, il lievito e il sale in una ciotola. Incorporare la birra e l'aneto. Raschiare la pastella nella teglia preparata e cuocere al centro del forno per 55-60 minuti, o fino a doratura in superficie e il coltello inserito al centro non esce pulito.

Lasciare riposare nella padella 10 minuti, quindi raffreddare su una gratella.

SPUNTINI

35. Noccioline per birra

Resa: 1 Porzione

Ingrediente

- 2 tazze di arachidi crude (con la buccia)

- 1 tazza di ZUCCHERO

- ½ tazza di ACQUA

- Poche gocce di colorante alimentare ROSSO

Mescolare - Cuocere in una padella pesante a fuoco medio fino a quando l'acqua è andata via (circa 10-15 min) Spalmare su una teglia Cuocere 1 ora a 250

36. Asparagi fritti in pastella di birra

Resa: 1 Porzione

Ingrediente

- 1 ciascuno per 2 libbre di asparagi

- 1 tazza di farina

- 1 lattina di birra

- Sale e pepe

- Polvere d'aglio

- Sale aromatizzato

- Condimento italiano, a piacere

- Olio d'oliva

Mescolare fiori e condimenti insieme. Aggiungere la birra per friggere gli ingredienti mescolando lentamente fino a quando non è abbastanza densa da aderire agli asparagi. Tagliare gli asparagi a pezzi di due pollici o lasciarli interi.

Friggere in due pollici di olio d'oliva fino a doratura, girando una volta

37. Biscotti spritz all'arancia Orange

Resa: 1 Porzione

Ingrediente

- $2\frac{1}{4}$ tazza di farina

- 1 cucchiaio di lievito in polvere

- cucchiaino di sale

- tazza di burro

- $\frac{1}{2}$ tazza di zucchero

- 1 uovo

- 2 cucchiaini di scorza d'arancia grattugiata

- ½ cucchiaino di estratto di mandorle

Unire farina, lievito e sale; mettere da parte.

Montare il burro e lo zucchero fino ad ottenere un composto chiaro e spumoso, sbattere l'uovo, la buccia d'arancia e l'estratto di mandorle

Aggiungi gli ingredienti secchi e batti fino a quando non saranno combinati.

Non raffreddare l'impasto.

Impacchettare l'impasto nella pressa per biscotti. Forza l'impasto attraverso la pressa su una teglia non unta. A piacere decorare con zucchero colorato o caramelle.

Infornare a 400~ per 6-8 minuti. Rimuovere su griglie per raffreddare.

38. Torte alla birra

Resa: 4 Porzioni

Ingrediente

- $1\frac{3}{4}$ tazza di farina per tutti gli usi

- $1\frac{1}{2}$ cucchiaino di lievito in polvere

- $\frac{1}{2}$ cucchiaino di bicarbonato di sodio

- $\frac{1}{2}$ cucchiaino di sale

- 1 tazza di zucchero di canna confezionato

- $\frac{1}{2}$ tazza di birra

- 1 uovo

- 3 cucchiai di olio

- 1 cucchiaio di melassa

- 1 bottiglia di birra

- 1 cucchiaio Burro (facoltativo)

Mescolare gli ingredienti secchi. Sbattere l'uovo con l'olio e la melassa. Aggiungere agli ingredienti secchi insieme alla birra.

Versare l'impasto su una piastra calda e leggermente unta

Distribuire con il dorso del cucchiaio fino a $3\frac{1}{2}$-4 pollici di diametro. Cuocere fino a doratura, girando una volta.

Per lo sciroppo, unire gli ingredienti in una casseruola e far bollire per minuti.

39. Smokies in birra e miele

Resa: 6 Porzioni

Ingrediente

- 1 libbra di fumogeni in miniatura

- 12 once di birra

- ½ tazza di miele

Brown smokies in padella abbastanza grande da contenere tutti gli ingredienti

Versare birra e miele sugli affumicati e portare a ebollizione. Ridurre il calore e coprire.

Fate sobbollire per 15 minuti. Trasferire nel piatto da portata e allontanarsi.

40. Anelli di cipolla in pastella di birra

Resa: 2 Porzioni

Ingrediente

- 1⅓ tazza di farina per tutti gli usi

- 1 cucchiaino di sale

- ¼ cucchiaino di Pepe

- 1 cucchiaio di olio

- 2 tuorli d'uovo

- tazza di birra

- 2 grandi cipolle bianche affettate spesse 1/4 di pollice

- Olio per friggere

Mescolare insieme la farina, il sale, il pepe, l'olio e i tuorli. Incorporare gradualmente la birra. Lasciare riposare la pastella per 3 ore e mezza prima di utilizzarla.

Affettate le cipolle, e passatele nella pastella. Friggere in olio 375F fino a doratura. Questa pastella funziona bene anche su altre verdure oltre agli anelli di cipolla ed è ottima anche sul pesce.

SALSE, SPALMABILE E SPEZIE

41. Salsa di formaggio e birra

Resa: 1 Porzione

Ingrediente

- 1 tazza di ricotta; piccola cagliata

- 3 once Crema di formaggio

- $2\frac{1}{4}$ oncia di prosciutto alla diavola

- $\frac{1}{4}$ tazza di birra; Nuovo solstizio di Glarona

- $\frac{1}{2}$ cucchiaino di salsa piccante

- 1 pizzico Sale

- Prezzemolo; per guarnire

Metti tutti gli ingredienti tranne il prezzemolo in una ciotola e batti fino a che liscio. Mettere in una ciotola e guarnire con prezzemolo

42. Tempura pastella alla birra

Resa: 1 Porzione

Ingrediente

- 1¼ tazza Farina

- 1 cucchiaino di sale

- 1 cucchiaino di pepe nero macinato finemente

- ½ cucchiaino di Caienna

- 1 birra chiara da 12 once; (freddo)

- Olio vegetale per friggere; (360 gradi F.)

Sbattere velocemente; non esagerare con Mix!
Lascia i grumi e usa la pastella immediatamente.

43. Salsa barbecue tedesca

Resa: 12 Porzioni

Ingrediente

- 2 Bottiglie (14 once) ketchup

- 1 Bottiglia (12 once) peperoncino salsa

- $\frac{1}{2}$ tazza di senape pronta

- 1 cucchiaino di senape secca

- 1 cucchiaino di sale

- $1\frac{1}{2}$ tazza Zucchero di canna; ben imballato

- 2 cucchiai di pepe nero

- 1 bottiglia (5 once) di salsa di bistecca

- ½ tazza di salsa Worcestershire

- 1 cucchiaio di salsa di soia

- 1 bottiglia (12 once) di birra

- 2 cucchiaini di aglio tritato

Unire tutti gli ingredienti, tranne l'aglio, in una casseruola e cuocere a fuoco lento per 30 minuti a fuoco medio. Aggiungere l'aglio tritato prima dell'uso.

Imbastire la carne durante gli ultimi 15 minuti di cottura alla griglia.

44. Mop di birra di base

Resa: 3 Porzioni

Ingrediente

- 12 once di birra

- ½ tazza di aceto di sidro

- ½ tazza di acqua

- tazza di olio di canola

- ½ cipolla media, tritata

- 2 Spicchi d'aglio, tritato

- 1 cucchiaio di salsa Worcestershire

- 1 cucchiaio di Dry Rub

Unire tutti gli ingredienti in una casseruola.
Scaldare il mocio e usarlo caldo.

45. Pastella alla birra per pesce

Resa: 6 Porzioni

Ingrediente

- 1 tazza di farina per tutti gli usi

- $\frac{3}{4}$ cucchiaino di lievito in polvere

- $\frac{1}{2}$ cucchiaino di sale

- $\frac{1}{2}$ tazza di acqua

- $\frac{1}{2}$ tazza di birra

- 1 ogni uovo

- Olio vegetale per friggere

- 2 libbre di filetti di pesce

Una delle migliori ricette di pastella in corso

In una ciotola mescolate la farina, il lievito e il sale. Fate un buco al centro; versare l'acqua, la birra e l'uovo, sbattendo per ottenere una pastella liscia. Lasciar riposare 20 minuti.

Scaldare l'olio in una casseruola grande a 350F

Immergete i filetti di pesce nella pastella, aggiungendoli uno alla volta nell'olio ben caldo. Cuocere per circa 5 minuti, girando una o due volte, fino a quando saranno dorati e croccanti. Rimuovere su un piatto foderato di carta assorbente.

46. Crema di birra ed edam

Resa: 3 tazze

Ingrediente

- 2 Formaggio Edam tondo da 7 once

- 8 once di panna acida da latte in cartone

- tazza di birra

- 2 cucchiaini di erba cipollina sminuzzata

- erba cipollina tagliata

- cracker assortiti

Portare il formaggio a temperatura ambiente. Taglia un cerchio dalla parte superiore di ogni tondo di formaggio, a circa $\frac{1}{2}$ pollice dal bordo. Rimuovere il cerchio tagliato del rivestimento di paraffina

Scavare con cura il formaggio, lasciando intatto mezzo pollice di formaggio per formare un guscio

Metti la panna acida, la birra, l'erba cipollina e il formaggio in un contenitore per frullatore o in una ciotola del robot da cucina. Coprire e lavorare fino a che liscio, fermando la macchina di tanto in tanto per raschiare i lati.

Versare il composto di formaggio nei gusci

Coprire e raffreddare diverse ore o durante la notte.

Guarnire con erba cipollina, se lo si desidera. Servire con cracker.

47. Salsa di birra al formaggio e peperoncino

Resa: 1 Porzione

Ingrediente

- 2 tazze di Cheddar affilato grattugiato

- $\frac{3}{4}$ tazza di birra (non scura)

- 2 tazze di Jarlsberg grattugiato

- $\frac{1}{2}$ tazza di pomodori in scatola scolati

- 2 cucchiai di farina per tutti gli usi

- 1 bottiglia di peperoncino jalapeno sottaceto, tritato

- 1 cipolla piccola; tritato

- Tortilla chips come accompagnamento

- 1 cucchiaio di burro non salato

In una ciotola mescolate i formaggi con la farina e conservate il composto.

In una pentola capiente e pesante cuocere la cipolla nel burro a fuoco moderatamente basso, mescolando, finché non si ammorbidisce, aggiungere la birra, i pomodori e il jalapeño e far sobbollire il composto per 5 minuti.

Aggiungere la miscela di formaggio riservata di ½ tazza alla miscela di birra, mescolando dopo ogni aggiunta fino a quando i formaggi non si sono sciolti, servire la salsa con le patatine. Per 4½ tazze

48. Salsa di pesce alla birra

Resa: 1 Porzione

Ingrediente

- 1 tazza di maionese

- tazza Catsup

- tazza di birra

- 1 cucchiaio Senape pronta

- 1 cucchiaio di succo di limone

- 1 cucchiaino di rafano preparato

Unire tutti gli ingredienti.

Raffreddare e servire con il pesce.

49. Marinata alla birra per manzo

Resa: 8 Porzioni

Ingrediente

- 2 lattine di birra (lattine da 12 once o 10 once)

- 2 cucchiaini di sale

- ½ tazza di olio d'oliva

- 1 cucchiaino di pepe di Caienna macinato

- 1 cucchiaio di aceto di vino

- 1 cucchiaio di rafano pronto

- 1 cucchiaino di cipolla in polvere

- 2 cucchiai di succo di limone

- 1 cucchiaino di aglio in polvere

Mescolare tutti gli ingredienti insieme e utilizzare come marinata.

Utilizzare poi come condimento per la carne durante la cottura.

50. Salsa alla birra messicana

Resa: 4 Porzioni

Ingrediente

- 4 ciascuno Peperoncini ancho secchi

- 6 pomodori grandi maturi

- $\frac{3}{4}$ tazza di cipolle bianche a dadini

- 4 ciascuno Spicchi d'aglio

- 1 cucchiaio di sale grosso

- $\frac{1}{2}$ cucchiaino di pepe nero

- $\frac{1}{2}$ tazza di birra messicana

- $\frac{1}{2}$ tazza di foglie di coriandolo tritate

Preriscaldare il forno a 400 gradi. Mettere a bagno gli ancho in acqua calda finché non si ammorbidiscono, circa 10-15 minuti. Scolare l'acqua e il gambo e i semi di peperoncini. (Usa i guanti.) Metti i pomodori, la cipolla, l'aglio e i peperoncini in una teglia e arrostisci in forno per 20 minuti fino a quando le bucce dei pomodori non si carbonizzano.

Rimuovere e mettere tutto nel frullatore o nel robot da cucina e frullare brevemente fino a ottenere una purea ma ancora grossa. Versare nella casseruola e portare a bollore. Mescolare sale, pepe e birra. Togliere dal fuoco e aggiungere il coriandolo. Servire caldo. Per 4 tazze

CONCLUSIONE

I meriti della cucina e dell'infusione con la birra vanno ben oltre l'aprirne uno freddo dopo una lunga giornata. Birre di tutte le sfumature possono essere utilizzate anche in cucina...

Vale davvero la pena dedicare tempo e sforzi per abbinare la birra al cibo. Lo stesso principio si applica quando si usa il vino per aggiungere corpo e sapore ai piatti, e la birra è (di solito) più economica del vino. Poiché la birra è così complessa, dovresti usare diverse tonalità e stili per ricette appropriate e questo libro ti ha fornito un'idea per iniziare!

Lightning Source UK Ltd.
Milton Keynes UK
UKHW020800230621
386011UK00006B/64

9 781802 887969